Du bist gut,

GENAU SO, WIE DU BIST

Hallo du,

ICH WOLLTE DIR SCHON LANGE MAL SAGEN,

dass du toll bist und zwar genau so,

wie du bist.

MIT ALL DEINEN ECKEN UND KANTEN,

MACKEN UND LIEBENSWÜRDIGEN EIGENHEITEN.

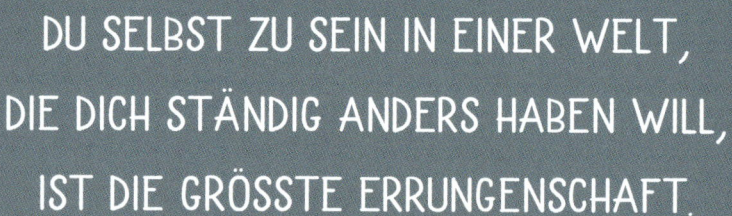

DU SELBST ZU SEIN IN EINER WELT,
DIE DICH STÄNDIG ANDERS HABEN WILL,
IST DIE GRÖSSTE ERRUNGENSCHAFT.

RALPH WALDO EMERSON

DU HAST SO VIELES,

WAS SONST NIEMAND HAT.

DAS DICH ZU DEM MACHT,

WAS DU BIST:

ein Unikat.

LASS DICH
NICHT VERBIEGEN.

SEI DER FLAMINGO

IN EINEM SCHWARM

GRAUER TAUBEN!

Du bist
fantastisch!

♥

SCHÖNHEIT BEGINNT IN DEM MOMENT,

IN DEM DU BESCHLIESST,

DU SELBST ZU SEIN.

COCO CHANEL

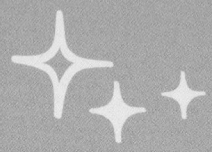

ICH WEISS,

MANCHMAL FÜHLST DU DICH EIN BISSCHEN
VERLOREN, MIT ALL DEN ANFORDERUNGEN, DIE
DIE WELT AN UNS ZU STELLEN SCHEINT.
HÖHER, SCHNELLER, WEITER, SCHLANKER,
SCHÖNER, PERFEKTER.
Aber stopp: Du bist wunderbar!

VERGLEICHE DICH NICHT MIT ANDEREN.

ES GIBT SCHLIESSLICH UNENDLICH

VIELE FORMEN VON SCHÖNHEIT.

EINE BLUME IST GENAUSO WUNDERVOLL

wie ein Sonnenuntergang –

UND DOCH GANZ ANDERS.

PERFEKT ZU SEIN IST SOWIESO LANGWEILIG.

NIEMAND SONST IST WIE DU,
DU BIST ABSOLUT EINMALIG UND
DU MACHST DIE WELT MIT DEINER
EINZIGARTIGKEIT ZU EINEM

schöneren Ort.

UND NIE VERGESSEN:

LASS DIR DEIN STRAHLEN NICHT NEHMEN,

NUR WEIL ES ANDERE BLENDET.

ERLAUBE ES DIR,

SO ZU SEIN, WIE DU BIST –
NICHT ALLE WERDEN DICH MÖGEN,
aber viele werden dich

umso mehr lieben.

YVONNE MÖLLEKEN

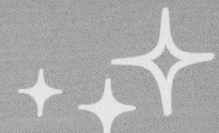

WENN DU MAL AN DIR ZWEIFELST,

VERGISS NICHT,
WELCHE HERAUSFORDERUNGEN
DU SCHON GEMEISTERT HAST.
NICHTS KANN DICH AUFHALTEN,
*wenn du dir nicht selbst
im Weg stehst.*

WENN ES EINEN GLAUBEN GIBT,
DER BERGE VERSETZEN KANN,
SO IST ES DER GLAUBE
AN DIE EIGENE KRAFT.

MARIE VON EBNER-ESCHENBACH

DU BIST STÄRKER ALS DU GLAUBST,

MUTIGER ALS DU DENKST

UND GROSSARTIGER ALS DU DIR ERTRÄUMST!

HÖR IN DICH HINEIN
UND DU SPÜRST,
WAS IN DIR STECKT.

ELFRIEDE ENGEL

ALLE DEINE TRÄUME

KÖNNEN WAHR WERDEN, WENN
DU AN DICH SELBST GLAUBST.
TRAU DICH ALSO, GANZ GROSS
zu träumen und tu das, was

DICH glücklich macht.

**VERGISS, WAS
DIE ANDEREN SAGEN.**

DU ALLEIN ENTSCHEIDEST,

WOHIN DEIN WEG GEHT.

LEBE DEIN LEBEN

NACH DEINER VORSTELLUNG.

Du bist die Heldin
deiner eigenen
Geschichte!

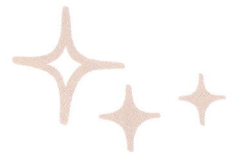

DEINE NÄHE FÜHLT SICH AN

WIE SONNENSCHEIN, UND DEIN LACHEN

VERTREIBT ALLE DUNKLEN WOLKEN!

MIT DIR KANN MAN
PFERDE STEHLEN, BIS ANS ENDE
DER WELT TRAMPEN,
BIS ZUM MORGENGRAUEN QUATSCHEN
UND DIE BESTEN ABENTEUER ERLEBEN.
Du bist einfach
fabelhaft!

ATEMPAUSE

ABER AUCH DIE GRÖSSTEN

BRAUCHEN MAL EINE PAUSE.
ALSO GÖNNE DIR AB UND AN EINE
KLEINE AUSZEIT, IN DER DU KRAFT
TANKEN KANNST, DAMIT DU WEITERHIN
dein ganz und gar wundervolles

Ich sein kannst.

AUCH DIE PAUSE

GEHÖRT ZUR MUSIK.

STEFAN ZWEIG

ICH KÖNNTE

AUF DER GANZEN WELT SUCHEN,

DIE WELTMEERE UMSEGELN UND

ZUM MOND FLIEGEN - UND DOCH WÜRDE ICH

NIEMANDEN FINDEN, DER SO IST WIE DU.

ALSO BLEIB SO WIE DU BIST,

denn so bist du genau richtig!

UND JETZT FEIERE

DICH EINFACH MAL SELBST UND

LASS DIE KORKEN KNALLEN.

DU HAST ES

dir verdient!

DAS GRÖSSTE WUNDER
BIST DU SELBST.

FRIEDRICH LÖCHNER

Textnachweis: Wir danken allen Autoren bzw. deren Erben, die uns freundlicherweise die Erlaubnis zum Abdruck von Texten erteilt haben.

Bildnachweis: Illustrierte Elemente Cover und Innenteil: Bariskina/Shutterstock.com; Alenka Karabanova/Shutterstock.com; Fotos Innenteil: S. 2: Krisztina Kovacs/EyeEm/Getty Images; S. 5: stock.adobe.com/Alena Ozerova; S. 7: stock.adobe.com/New Africa; S. 10: Dardalnna/Shutterstock.com; S. 13: Denis Belitsky/Shutterstock.com; S. 15: Irina Mos/Shutterstock.com; S. 17: Flaffy/Shutterstock.com; S. 18: Feelvation/Shutterstock.com; S. 20: Irina Barcari/Shutterstock.com; S. 22: taihirn/Shutterstock.com; S. 24: stock.adobe.com/duncanandison; S. 27: Song_about_summer/Shutterstock.com; S. 28: stock.adobe.com/B@rmaley; S. 30: Aui Meesri/Shutterstock.com; S. 35: jakkapan/Shutterstock.com; S. 36: Kan bokeh/Shutterstock.com; S. 38: stock.adobe.com/juliasudnitskaya; S. 40: stock.adobe.com/smallredgirl; S. 43: stock.adobe.com/arne jw kolstø/EyeEm; S. 44: JGI/Jamie Grill/Getty Images; S. 47: Marina Zezelina/Shutterstock.com.

Layout und Satz: Petra Schmidt Grafik Design
Gesamtherstellung: AZ Druck und Datentechnik GmbH, Kempten

ISBN 978-3-8485-0050-5
© 2022 Groh Verlag. Ein Imprint der Verlagsgruppe
Droemer Knaur GmbH & Co. KG
Maria-Luiko-Straße 54, 80636 München
www.groh.de

Kontaktadresse nach EU-Produktsicherheitsverordnung:
produktsicherheit@droemer-knaur.de